Schuldgefühle loswerden

Wie Sie Schuld und Selbstzweifel in 9 Schritten effektiv loslassen und sich selbst verzeihen

Petra Lange

INHALT

Das erwartet Sie in diesem Buch

Schuldgefühle sind eine zutiefst menschliche Emotion, die jeder schon (mindestens) einmal in seinem Leben kennengelernt hat. Sie fungieren für uns als ein Warnsignal, dass wir im Begriff sind, ein Unrecht zu begehen, dass wir gegen unseren moralischen Kodex verstoßen und ein Ungleichgewicht erzeugen zwischen uns und einer oder mehreren anderen Personen. Im Nachhinein helfen Sie uns, die verletzte Balance wiederherzu-stellen, Wiedergutmachung zu leisten und aus unseren Fehlern zu lernen.

Warum aber neigen manche Menschen zu unangemessenen, starken Schuldgefühlen, wenn sie nur einmal „Nein" sagen, während andere sprich- oder wortwörtlich über Leichen gehen können, ohne mit der Wimper zu zucken? Wie erklären Medizin und Psychologie diese Unterschiede? **Wo liegt die Grenze zwischen normalen und pathologischen Schuldgefühlen?** Und am wichtigsten: **Was kann ich tun, wenn ich wegen etwas, das ich getan habe, Schuldgefühle habe?**

Natürlich ist es schwierig, für komplexe und individuelle Situationen einheitliche Empfehlungen zu geben – jedes Problem verdient eine eigene Beurteilung und speziell zugeschnittene Ratschläge. Dennoch möchte ich versuchen, Ihnen einige Tipps an die Hand zu geben, wie Sie Ihre Schuldgefühle rational und objektiv beurteilen, wie Sie sie kritisch hinterfragen können und was Sie versuchen können zu tun, um sich von ihnen freizumachen.

Um die Basis dafür zu legen, beschäftigen wir uns in diesem Ratgeber zunächst mit ein wenig Theorie aus den Bereichen Ethik, Medizin und Psycho-logie zu den Themen Schuld und Schuldgefühle. Im Anschluss stelle ich Ihnen einige Fragen, die Ihnen helfen sollen, Ihre Gefühle zu hinterfragen und bewusst zu machen, und gebe Ihnen in den Ausführungen möglichst einfache und praktikable Tipps und Anregungen, was Sie tun können, um das Gleichgewicht wiederherzustellen – sowohl das in der Außenwelt als auch das in Ihnen.

Die Wurzel der Schuld – Ein bisschen Theorie

WAS IST SCHULD?

Haben Sie schon einmal etwas von **Schlüsselemotionen** gehört?

In der Psychologie beschreibt dieses Modell Emotionen oder Gefühle, die sich, sofern bei dem betreffenden Lebewesen vorhanden, im Zuge der Evolution als Selektionsvorteil erwiesen haben und deshalb tief in uns verankert sind. Zwar konnte die genaue Lokalisation innerhalb unserer Gensequenz noch nicht bestimmt werden, unbestritten ist aber, dass diese Emotionen angeboren sind und somit ein natürlicher Teil unseres menschlichen Daseins.

Zu diesen Schlüsselemotionen zählen unter anderem: **Freude und Trauer, Angst und Ekel, Ärger, Scham – und Schuld.** [1]

Da Sie dieses Buch wahrscheinlich nicht gewählt hätten, wenn Sie kein persönliches Interesse am Thema Schuldgefühle und dem Umgang mit ihnen hätten, können Sie schon jetzt beruhigt sein: Im allgemeinen Konsens der aktuellen Psychologie gelten Schuldgefühle als vollkommen normal, notwendig und unumgänglich.

Aus evolutionstechnischer Sicht können **Schuldgefühle** sogar **sehr dienlich** sein. Schließlich hätten sie es sonst nicht geschafft, sich so in unserer genetischen Erbanlage zu manifestieren: Sie sorgen für einen Ausgleich, für Gerechtigkeit in Beziehungen, sie helfen uns, Fehler zu vermeiden oder zumindest kein zweites Mal zu machen, und bringen uns dazu, an uns selbst zu wachsen. Finden wir den richtigen Umgang mit ihnen, können sie ein hervorragender Lehrer sein, ein moralischer Kompass, der uns den Weg zu einem besseren Selbst zeigt.

---

[1] https://www.k-i-e.com/die-theorie-der-grundemotionen/

Klingt erst mal alles sehr positiv. Wie also kommt es, dass wir in manchen Situationen das Gefühl haben, von unseren Schuldgefühlen von innen heraus aufgefressen zu werden? Wie kommt es, dass manche Menschen schon von einem schlechten Gewissen geplagt werden, kaum, dass sie einen gehässigen Gedanken gefasst haben, während die anderen sprichwörtlich über Leichen gehen können, ohne auch nur mit der Wimper zu zucken? Welche Art von Schuldgefühlen ist positiv und hilft uns zu wachsen und wo ist die Grenze, ab der Schuldgefühle nur noch destruktiv sind?

Und am wichtigsten: Wie kann ich mich möglichst effektiv von Schuldgefühlen befreien, wenn ich unter welchen leide?

> **Um eine Herausforderung anzugehen und zu lösen, ist es von großer Bedeutung, das zugrunde liegende Problem zu verstehen und sich damit vertraut zu machen – oft ist der Prozess der Bewusstwerdung einer psychologischen Fragestellung schon der halbe Weg zur Lösung.**

Deshalb sollten wir uns erst einmal mit der folgenden Frage beschäftigen: **Was ist „Schuld"?**

Wirft man einen Blick in den Duden, wird „Schuld" definiert als *„ein bestimmtes Verhalten oder eine bestimmte Tat, mit der jemand gegen seine Werte* *und Normen verstößt, ein begangenes Unrecht, ein sittliches Versagen oder auch eine strafbare Verfehlung".* [2]

Trennt man diese Definition in seine einzelnen Bestandteile auf, so wird deutlich, dass **„Schuld" kein einheitlicher Begriff** ist, sondern in vielen Situationen Anwendung finden kann.

• Von **rechtlicher Schuld** wird gesprochen, wenn eine bestimmte Verhaltensweise gegen ein in diesem Land gültiges Gesetz verstößt, das dort legitimiert ist und Anwendung findet und die betreffende Person von der Exekutive dafür belangt wird. Es ist also möglich, sich mit einem bestimmten Verhalten in einem Land schuldig zu machen und in einem anderen nicht, oder faktisch gegen ein Gesetz verstoßen zu haben, vor Gericht aber immer noch als unschuldig zu gelten, da einem die Tat beispielsweise nicht nachgewiesen werden kann.

• **Aus philosophischer oder moralischer Sicht** ist man schuldig, sobald man sich einen Verstoß gegen das Gewissen oder eine Sittennorm leistet. Diese Schuld ist also weitaus individueller gefasst, da man zwar bei vielen Menschen einen gemeinsamen moralischen Nenner finden kann, dieser jedoch nirgendwo

---

[2] https://www.duden.de/rechtschreibung/Schuld

verbindlich festgehalten ist und auch von jeder indivi-
duellen Person anders ausgelegt und verstanden werden kann. Dementsprechend kann man sich im Auge
eines Betrachters durch eine Tat schuldig machen,
während man selbst oder eine dritte Person dies überhaupt nicht als schuldhaftes Handeln bezeichnen
würde.

• **Weitere Zusammenhänge**, in denen der Begriff
Anwendung findet, sind verschiedene **Religionen**, die
Philosophie oder auch **in materiellen oder finan-
ziellen Fragen**.

Letztendlich stehen wir mit all diesen Definitionen
aber vor einem entscheidenden Problem: Der Mensch
ist vielschichtig und genauso sind es seine Handlungen. Wir versuchen, bestimmte Taten anhand speziel-
ler, von uns festgelegter Kriterien als positiv oder negativ zu bewerten. Doch jeder setzt die Kriterien anders, beziehungsweise spricht ihnen unterschiedliche
Prioritäten zu – und kommt damit bei seiner Bewertung einer Handlung zu einem unterschiedlichen Er-
gebnis bezüglich der Schuldfrage.

Zur Verdeutlichung der verschiedenen Schuldde-
finitionen ein kleines **Gedankenspiel aus der Ethik**:

Sie stehen an einer Weiche an einem Bahngleis. Auf der rechten Seite arbeitet ein Bauarbeiter auf den Gleisen, auf der linken Seite zehn. Ein Zug kommt angefahren, die Weiche steht so, dass er auf die linke Seite fahren wird. Es ist keine Zeit mehr, die Arbeiter zu warnen, Sie hätten lediglich die Zeit, die Weiche so zu verstellen, dass nur einer anstelle von zehn Menschen getötet wird. Was tun Sie?

Egal, wie Sie sich entscheiden, aus rechtlicher Sicht werden Sie schuldig sein, egal, ob Sie die Weiche verstellen oder nicht. Wenn ja, nehmen Sie absichtlich den Tod des Arbeiters dort in Kauf, wenn nicht, wird Ihnen das möglicherweise als unterlassene Hilfeleistung ausgelegt (zumindest in Deutschland). Und auch die moralische Fragestellung ist verzwickt: Ist es besser, nicht aktiv einzugreifen und zuzusehen, wie zehn Menschen ihr Leben verlieren, oder machen Sie sich mehr (oder weniger) schuldig, wenn Sie sich aktiv für den Tod eines Mannes statt von zehn Männern entscheiden?

Auf diese Fragen gibt es keine richtige oder falsche Antwort – Sie müssen allein nach Ihrem Ermessen entscheiden. Denken Sie darüber nach: Nach welchem moralischen Kodex handeln Sie?

DIE WURZEL DER SCHULD IN MEDIZIN UND PSYCHOLOGIE

Betrachtet man die unterschiedlichen Definitionen des Begriffes Schuld aus ethischer, moralischer und rechtlicher Sicht, erkennt man, dass **das Freiwerden von Schuld** genau genommen **eine Illusion** ist. Ist man vor dem Gesetz „unschuldig", bedeutet das noch lange nicht, dass man auch moralisch gesehen unschuldig ist. Und ist man aus Sicht des einen moralisch unschuldig, so ist dies noch keine Garantie dafür, dass man für den anderen – oder nach dem eigenen moralischen Kompass – unschuldig ist.

Was am Ende für einen als Person zählt, ist schlussendlich, ob man sich schuldig *fühlt*. Habe ich nach einer bestimmten Tat Schuldgefühle, plagt mich mein schlechtes Gewissen? Oder weiß ich vielleicht, dass ich rechtlich nicht richtig gehandelt habe, aber empfinde das in meinem Inneren nicht so?

Wie bereits zu Anfang erwähnt, zählt Schuld zu den sogenannten Schlüsselemotionen, ist in unserer DNA verankert und damit eine angeborene Emotion, die wir niemals vollständig loswerden können.

Doch wo im Gehirn ist der Sitz dieser Emotionen lokalisiert?

Es ist in der **Medizin** nicht immer ganz einfach, abstrakte Sachverhalte ohne organisches Korrelat wie bestimmte Gefühle mit exakten Regionen im Gehirn zu verbinden. Die richtige Methodik zur Messung zu finden, ist schwierig. Am meisten bewährt hat sich heute die Magnetresonanztomografie – ein Verfahren, bei dem durch das Anlegen eines magnetischen Feldes die Aktivität in bestimmten Hirnarealen gemessen werden kann.

Dieses Verfahren nutzten verschiedene Forscher, um die Wurzel der Schuldgefühle im Gehirn zu ermitteln. Der deutsche Neurobiologe und Philo-soph Gerhard Roth konstruierte beispielsweise eine Studie, im Zuge derer er die Gehirne von Straftätern, darunter auch Mörder und Vergewaltiger, auf Aktivität untersuchte, während sie über ihre Taten sprachen. Bei denjenigen Insassen, die angaben, Reue in Bezug auf ihr Vergehen zu empfinden, konnte er eine vermehrte neuronale Erregung im lateralen orbitofrontalen Kortex feststellen, bei denjenigen, die nach eigenen Angaben keine Schuldgefühle hegten, war keine derartige Aktivität messbar.[3] Seine Theorie wurde von

---

[3] https://www.nk.nomos.de/fileadmin/nk/doc/AUF-SATZ_nk_06_02.pdf

verschiedenen (zum Teil variierenden) Folgestudien bestätigt. [4] Woran genau es aber liegt, dass manche der Probanden zwar für die gleiche Tat verurteilt wurden, aber die Intensität der Schuldgefühle und in Korrelation damit die Hirnaktivität der betreffenden Regionen vermindert waren, konnte bisher nicht zweifelsfrei erklärt werden.

Eine andere Studie aus England setzte sich ebenfalls das Ziel, die Wurzel der Schuldgefühle im Gehirn zu finden, nahm als Studienteilnehmer aber keine Straftäter, sondern Menschen mit verstärkten Schuldgefühlen aufgrund psychischer Probleme. Die Fragestellung lautete konkret, ob man von der Aktivität bestimmter Hirnregionen, die mit dem Vorhandensein starker Schuldgefühle korreliert, den weiteren Verlauf der psychischen Erkrankung vorhersagen kann. Im Lauf dieser Untersuchung konnte eine verstärkte Kommunikation zwischen dem limbischen System (genauer: Gyrus cinguli und seine benachbarte septale Region) und dem vorderen Temporallappen für die unangemessenen Schuldgefühle verantwortlich gemacht

---

[4] https://gedankenwelt.de/in-welchem-bereich-des-gehirns-entstehen-schuldgefuehle/

und auch tatsächlich in vielen Fällen die richtige Prognose gestellt werden. [5]

Die genannten Hirnregionen sind im Allgemeinen für die Verarbeitung von Emotionen verantwortlich und kommunizieren untereinander über einen komplexen Regelkreis aus verschiedenen Botenstoffen und Neurotransmittern. Diese Systeme sind äußerst empfindlich – schon das kleinste Ungleichgewicht kann unsere Gefühlswelt ins Wanken bringen. Und ist eines der Systeme gestört, setzt das dominoartig andere Systeme in Gang, die ebenfalls dekompensieren. Daher ist es nicht verwunderlich, dass **Schuldgefühle und die damit einhergehenden abnorm verstärkten Aktivitäten im Gehirn mit einer großen Zahl an Begleiterkrankungen einhergehen.**

• Menschen, die zu starken Schuldgefühlen neigen, haben gleichzeitig auch ein höheres Risiko, eine **Depression oder eine depressive Episode** zu erleiden. Die Korrelation zwischen diesen beiden Ereignissen ist sogar so signifikant, dass starke Schuldgefühle zu den fakultativen Diagnosekriterien für eine Depression zählen. Meist handelt es sich hier um das sogenannte

---

[5] https://www.aerzteblatt.de/nachrichten/64452/Depressionen-Schuldgefuehle-im-Kernspin-sagen-Rezidiv-voraus

Phänomen des „Self-Blaming", bei dem der Patient sich selbst für negative Lebensereignisse verantwortlich macht, die er objektiv betrachtet in keiner Weise beeinflussen kann. Beispielsweise fühlt sich der Betroffene schuldig, den Krebs des Ehepartners ausgelöst zu haben, weil er sich „nicht genug gekümmert hätte".

• Auch Menschen mit **Essstörungen**, vor allem bei **Anorexia nervosa**, neigen zu starken Schuldgefühlen. Oft genügt allein schon der Gedanke daran, etwas (oder zu viel) zu essen, um bei den Patienten quälende Schuld- und Schamgefühle auszulösen. Dies wiederum hat die Wurzel in Schuldgefühlen, die die Patienten hegen, wenn sie beim Blick in den Spiegel den eigenen Körper als beschämend empfinden und die Schuld dafür ebenfalls bei sich selbst und ihrem vermeintlichen Versagen suchen.

• Ebenfalls durch Schuldgefühle ausgelöst werden **Angst- und Panikstörungen**: Die Betroffenen fühlen sich wegen etwas, das in der Vergangenheit geschehen ist, schuldig und können mit der Angst, den gleichen Fehler noch einmal zu begehen, nicht umgehen. Es entsteht ein meidendes, aversives Verhalten gegenüber Situationen, denen sich die Personen nicht gewachsen fühlen oder in denen sie diese „Gefahr" des Versagens verspüren. Doch jedes Mal, wenn sie diesen

Situationen entgehen, wächst die Angst davor, sich dessen irgendwann nicht mehr entziehen zu können, und setzt so eine Spirale in Gang, durch die die Betroffenen immer tiefer in eine Angststörung, möglicherweise sogar mit Panikattacken hineingesogen werden.

Dies sind nur einige Beispiele für Krankheiten, die mit Schuldgefühlen vergesellschaftet sind. Natürlich ist die Ausbildung einer manifesten Depression oder einer Angststörung keinesfalls unaus-weichlich – würde jeder diese Probleme bekommen, wenn er Schuldgefühle hat, wären wir wohl alle von einer dieser psychischen Folgen betroffen. Doch diese Konsequenzen sind ein Hinweis darauf, wie schwerwiegend Schuldgefühle uns beeinflussen können und welche Macht sie besitzen, wenn wir nicht mit ihnen umzugehen lernen.

Die reine **Psychologie** geht das Problem auf einer anderen Ebene an: Sie sucht weniger die organischen Korrelate und Ungleichgewichte auf stofflicher Basis des Gehirns, sondern in der zwischenmenschlichen Interaktion, weshalb ihre Theorien für den Laien deutlich greifbarer und praxisnäher erscheinen.

Der grundlegende **Mechanismus hinter Schuldgefühlen** ist auch hier der **Verstoß gegen eine geltende Norm oder Regel**, die der Betroffene verinnerlicht hat und die seinen Werten entspricht, und der die Angst auslöst, aus seiner sozialen Gruppe verstoßen zu werden. Das Gefühl selbst wird von der Person als bedrückendes Gefühl und innere Unruhe wahrgenommen, eventuell gepaart mit Schamgefühl und dem Wunsch, das Geschehene ungeschehen zu machen.

Einige Psychologen sehen die **Veranlagung zu starken Schuldgefühlen in** unseren **(früh-)kindlichen Erfahrungen begründet.**

Kinder neigen (leider) sehr stark zu Schuldgefühlen, auch wenn dieses Gefühl zu Unrecht entsteht. Sie leben in einer Welt, in der sie vieles nicht verstehen können, und erklären sich deshalb Umstände auf ihre eigene Weise. Das führt zu Fehlinterpretationen von Situationen: Beispielsweise sehen sie Kausalzusammenhänge zwischen Dingen, die zwar zum gleichen Zeitpunkt, aber vollkommen unabhängig voneinander passiert sind. „Weil ich geboren wurde, ist mein Papa an einem Autounfall gestorben", ist vielleicht ein dramatisches Beispiel, aber durchaus plausibel für ein Kind. Dass die Mutter das wahrscheinlich gar nicht so gesagt und ganz sicher auch nicht so gemeint hat, spielt keine Rolle, wichtig ist, dass es bei dem Kind so ankommt und starke Schuldgefühle auslöst. [6]

Dieser Ansatz deckt sich auch mit der tiefenpsychologischen Erklärung nach Freud, der in Schuldgefühlen die Angst vor einer Autorität sah. [7]

Wie auch immer die Schuldgefühle des Kindes geartet sein mögen, ob es eher Angst ist oder das Gefühl, ein Unrecht oder etwas Ungutes nicht verhindert zu haben, in jedem Fall löst diese Situation ein Trauma bei diesem Kind aus, das es nicht einordnen und nicht verarbeiten kann, wenn es keine entsprechende Hilfestellung durch Vertrauenspersonen erhält. Häufig erkennen wir Erwachsenen das Problem gar nicht, weil sich die Zusammenhänge für uns ganz anders darstellen und wir nicht einmal auf die Idee kommen, dass sie bei einem Kind Schuldgefühle oder Versagensgefühle auslösen könnten.

Nun denken Sie einmal zurück: Gab es in Ihrer Kindheit eine Situation, die bei Ihnen Schuldgefühle ausgelöst hat, obwohl Sie rückblickend gar nichts dafür konnten?

---

[6] https://www.erstehilfefuerdieseele.at/blog/schuldgefuhle/
[7] https://lexikon.stangl.eu/5142/schuldgefuhl

Häufig erinnern wir uns als Erwachsene gar nicht mehr richtig daran. Dennoch sind ungelöste Traumata etwas, das uns niemals ganz verlassen wird. Wir vergraben sie in uns, schieben sie ab aus unserem Bewusstsein und tun so, als würden sie uns nicht mehr belasten. Solange, bis wir in eine Situation geraten, die wir aus welchen Gründen auch immer mit der vergangenen assoziieren und die alte Gefühle wieder aufwühlt.

Habe ich mich als Kind verantwortlich für den Tod meines Vaters gefühlt, der kurz vor meiner Geburt bei einem Autounfall ums Leben gekommen ist, wird der Tod meines Ehepartners an Krebs vielleicht dieses unverarbeitete Trauma wieder aufleben lassen und meine Schuldgefühle schüren, von denen ich geglaubt habe, dass es sie gar nicht mehr gäbe. Habe ich die Schuld für die Scheidung meiner Eltern bei mir selbst gesehen, weil ich mich für nicht gut und brav genug gehalten habe, werde ich vielleicht auch die Schuld für die Trennung von meinem Partner bei mir selbst suchen, weil ich nicht genug für ihn und die Aufrechterhaltung der Beziehung getan habe. Oder hat mich als Kind das schlechte Gewissen gequält, weil meine Eltern wenig Zeit für mich hatten, und ich dachte, das läge an mir, wird sich dieses Schuldgefühl später vielleicht gegenüber meinen eigenen Kindern manifestieren, wenn ich ab und zu länger arbeiten muss.

Was wir im Zusammenhang mit Schuldgefühlen bei Kindern (sei es bei den eigenen, fremden Kindern oder beim Zurückdenken an die eigene Kindheit) verstehen müssen, ist, dass ihre Welt sich nur um sie dreht. Sie verstehen noch keine großen Zusammenhänge oder dass sie nicht der Mittelpunkt des Universums sind. Alles, was außerhalb des für sie Erlebbaren liegt, existiert für sie nicht oder nur in einer Fantasieversion, die wir als Erwachsene mit mehr Lebenserfahrung und kognitivem Verstehen nicht mehr nachvollziehen können. Kein Kind wird je vor allen Schuldgefühlen beschützt werden können und dementsprechend kann das auch nicht das Ziel sein. Entscheidend ist, wie mit bereits entstandenen Schuldgefühlen umgegangen wird und ob (und wie) das Kind lernt, mit diesen Gefühlen umzugehen. Diese Verarbeitungsstrategien, die wir uns in den ersten Jahren unseres Lebens aneignen, werden uns unser Leben lang begleiten und je älter wir werden, desto schwieriger wird es, neue Strategien zu erlernen und zu manifestieren.

Dafür ist es essenziell, eine gute Beziehung zu dem Kind aufzubauen und zu erhalten. Es ist egal, ob es um das eigene, ein fremdes Kind oder das innere Kind geht, das seine Traumata noch nicht überwinden konnte.

In diesem Ansatz der Psychologie in Bezug auf Schuldgefühle ist das das primäre Ziel: den Zugang zu den durchlebten Traumata finden und diese verarbeiten, um sich dann neue Strategien aufbauen zu können, mit Schuldgefühlen umzugehen und möglichst sogar von ihnen frei zu werden.

Doch was passiert, wenn Menschen kein Zuviel an Schuldgefühlen hegen, sondern gar keine empfinden?

Auch damit beschäftigt sich die **Psychologie**.

Wie bereits mehrfach erwähnt, sind Schuldgefühle ein physiologischer Prozess, der uns – wenn im richtigen Maße vorhanden – eine Hilfestellung gibt, wie wir richtig handeln sollen, ohne uns selbst oder andere zu schädigen.

Nun erinnern wir uns zurück an die Studie, in der der Neurobiologe und Philosoph Gerhard Roth verschiedene Straftäter untersuchte und herausfand, dass sich die Aktivität in den Gehirnen unterschied, je nachdem, ob die Insassen Reue und Schuldgefühle empfanden oder nicht. Was ist bei den Menschen anders, die beispielsweise einen anderen Menschen töten können, ohne ein Gefühl von Schuld zu entwickeln?

Wo genau liegt der Unterschied – ist es ein Defekt auf organischer oder auf psychologischer Ebene? Nach welchem moralischen Kodex handeln sie?

Um bei genanntem Beispiel zu bleiben: Vielleicht kann unter bestimmten Umständen auch ein Mensch mit normal ausgeprägtem Schuldbewusstsein einen anderen Menschen töten, ohne Reue zu empfinden. In manchen Situationen, in denen wir damit über unser eigenes Leben oder Tod entscheiden müssen – also in Notwehr handeln – oder um Schaden von einem anderen Menschen abzuwenden, ist die Tat des Tötens vielleicht konform mit dem, was unser ethisches Empfinden uns vorgibt.

Doch im Allgemeinen wird eine derartige Gewissenlosigkeit eher den **dissozialen Persönlichkeitsstörungen** zugeschrieben – also beispielsweise ausgeprägten Narzissten und Psychopathen [8]. Aber auch Menschen, deren die Mutter in der Schwanger-schaft regelmäßig Alkohol oder Drogen konsumiert hat, zeigen gehäuft derartige Verhaltensmuster.

Die Betroffenen haben große Schwierigkeiten, sich in soziale Gruppen und Normen einzufügen und

---

[8]   https://www.zeit.de/zeit-wissen/2018/01/psychologie-schlechtes-gewissen-persoenlichkeit-werte/seite-2?utm_referrer=https%3A%2F%2Fwww.google.com

erkennen Strukturen und Hierarchien nicht an. Sie haben ein gesteigertes Selbstwertgefühl und glauben, über den Gesetzen zu stehen. Außerdem zeigen sie häufig ein impulsives und aggressives Verhalten, wenn die Dinge nicht laufen, wie sie es gerne hätten, bis hin zu einer starken Tendenz zu gewalttätigem Verhalten. Und täuschen Sie sich nicht, wie häufig dieses Problem auch in der heutigen Gesellschaft noch zu finden ist!

All diese Charakteristika basieren auf jener Unfähigkeit, Schuldgefühle, soziale Verantwortung oder Empathie zu empfinden, und führen dazu, dass diese Menschen oft früh in Konflikt mit dem Gesetz geraten und/oder ausgeprägte Komorbiditäten entwickeln, wie zum Beispiel Suchtproblematiken oder paranoide Störungen. [9]

Erschwert wird das Problem dadurch, dass diese Betroffenen sich häufig gar nicht „psychisch krank" oder beeinträchtigt fühlen (wie auch, wenn die quälenden, negativen Folgen der Schuldgefühle ausbleiben und sie sich im Recht sehen?) und durch die fehlende Krankheitseinsicht auch die Motivation, sich in Therapie zu begeben oder anderweitig Hilfe zu holen, fehlt. Dadurch ist Hilfe kaum möglich.

---

[9] https://www.therapie.de/psyche/info/index/diagnose/persoenlichkeitsstoerungen/antisozial/

Glücklicherweise sind derartige Störungen mit vermindertem Schuldempfinden insgesamt selten. Dass Menschen aber verstärkte Schuldgefühle hegen, ist dagegen sehr häufig und deshalb auch Thema dieses Buches. Die gute Nachricht ist, dass das Gehirn veränderbar ist und in der Lage zu lernen, wie es sich selbst umprogrammieren kann, um unliebsame, übertriebene Gefühle loszuwerden. Machen Sie sich keine Sorgen! Sie sind nicht zu alt, zu jung, zu schlau oder zu wenig intelligent, zu wenig vorgebildet oder zu intellektuell. Ihr Gehirn arbeitet nicht absichtlich gegen Sie, es hat nur bestimmte Strategien erlernt und versucht, Sie zu schützen. Und manchmal schießt es dabei über das Ziel hinaus. Und dann muss man eben lernen, dem Gehirn wieder das richtige Maß zu zeigen.

„Ich habe Schuldgefühle – und jetzt?"

In den letzten Kapiteln haben wir das Thema Schuldgefühle sehr theoretisch behandelt und uns unterschiedliche Erklärungsansätze aus verschiedenen wissenschaftlichen Disziplinen angesehen. Wir haben gelernt, dass „frei von Schuld sein" eine Illusion ist und dieser Zustand niemals erreicht wird.

Frei von Schuldgefühlen zu sein, ist hingegen möglich, zumindest in Bezug auf bestimmte Situationen. Wir haben auch beleuchtet, dass komplett frei von

Schuldgefühlen zu sein, dieses Gefühl also nicht zu kennen, ein pathologischer Mechanismus ist, der bei dissozialen Persönlichkeitsstörungen auftritt und deshalb nicht das Maß der Dinge sein sollte.

> **Zusammengefasst bedeutet das, dass Schuldgefühle normal sein können, wenn sie der Situation angemessen sind, oder pathologisch/krankhaft, wenn sie zu häufig oder zu stark werden.**

Doch wann sind Schuldgefühle unangemessen? Wann zu viel und wann zu wenig? Wer entscheidet das oder woran kann ich das bei mir selbst erkennen? Und was kann ich konkret dagegen tun?

Gefühle sind subjektiv. Das liegt in ihrer Natur. Allein deshalb wird man wohl keine einheitliche Antwort auf die genannten Fragen finden. Jeder Mensch wird sie anders beantworten, abhängig von seinem moralischen Kodex, seiner Erziehung, seiner Resilienz, seiner Persönlichkeit und seinen Prioritäten. Genauso muss jeder Mensch seinen eigenen Weg suchen, um seine Schuldgefühle zu überwinden.

Sie haben sich dieses Buch wahrscheinlich ausgesucht, weil auch Sie Schuldgefühle haben, die Sie als zu intensiv, zu häufig oder zu belastend empfinden, die Sie also in Ihrem Leben auf irgendeine Weise einschränken, und suchen Antworten darauf. Doch keine

Situation ist wie die andere, weshalb ich in diesem Ratgeber nur Tipps mit Ihnen teilen kann, die sich häufig bewährt haben. Sie sind ein Individuum. Suchen Sie sich die Tipps heraus, die Ihnen zusagen und bei denen Sie das Gefühl haben, dass sie Ihnen helfen könnten. Probieren Sie sie aus!

Vergessen Sie bitte trotzdem nicht, dass es keine Wunderheilung gibt. Diese Gefühle stecken in uns, in Ihnen, aus einem bestimmten Grund. Sie haben sich auf die Weise manifestiert, die Sie aktuell empfinden, und sie loszuwerden, ist ein Prozess. Geben Sie sich Zeit. Es ist Arbeit, sein Gehirn umzuprogrammieren und neue Strategien zu erlernen, alte Gewohnheitsmuster zu durchbrechen und neue Routinen zu etablieren. Haben Sie Geduld mit sich selbst und seien Sie nicht zu streng, wenn etwas nicht so funktioniert, wie Sie sich das vorgestellt haben oder Sie zurück in alte Muster verfallen! Seien Sie selbstkritisch, aber nicht unbarmherzig mit sich! Erkennen Sie Erfolge an und seien Sie stolz auf sich! Sie haben bereits die Einsicht und die Motivation gefunden, an Ihrer Situation etwas zu ändern, und das ist bereits der erste Schritt in die richtige Richtung.

Ich werde versuchen, Ihnen im Folgenden einige Tipps an die Hand zu geben, die ich als nützlich empfinde und von denen ich hoffe, dass sie auch für Sie nützlich sein können. Dazu gehört zunächst die objektive Bewertung Ihrer Schuldgefühle: Ist es aufgrund der Fakten sinnvoll und angemessen, dass in Ihnen diese Schuldgefühle brodeln? Im Anschluss werde ich Ihnen zehn Fragen stellen und Ihnen Tipps dazu geben, wie Sie diese Fragen beantworten können und was genau dann Ihre nächsten Schritte sein könnten, um Ihre Schuldgefühle Stück für Stück loszulassen.

DIE OBJEKTIVE BEWERTUNG
IHRER SCHULDGEFÜHLE

Zuallererst empfehle ich Ihnen, sich **mit** Ihren **Schuldgefühlen kritisch auseinanderzusetzen.**

Denken Sie daran, dass alles, was Sie sehen, wahrnehmen und fühlen, nichts darüber aussagt, wie die Dinge in Wahrheit geartet sind. Es ist menschlich, dass wir die Welt aus unserer Perspektive sehen und bewerten, aufgrund der Erfahrungen, die wir im Leben gemacht haben, der Erziehung, die wir genossen haben, und unserer gegenwärtigen Laune (an manchen Tagen können wir darüber lachen, wenn uns ein anderer Autofahrer die Vorfahrt nimmt, während wir am nächsten Tag explodieren könnten vor Wut, oder nicht?). Genauso ist es auch mit Schuldgefühlen.

Es ist sehr davon abhängig, in welcher emotionalen Situation wir uns befinden, wie schuldbewusst wir reagieren. Wir projizieren unsere innere Haltung auf Dinge in der Außenwelt, ohne es zu merken. Passiert uns ein Missgeschick exakt zu einem Zeitpunkt, in dem wir uns sowieso schon schlecht fühlen, und wir reagieren mit starken Schuldgefühlen darauf, wird sich das Gehirn das viel besser merken können als eine positive Reaktion. Das hat einen biologischen Sinn: Unser

Gehirn möchte uns schützen und vermeiden, schmerzliche Situationen in der Zukunft erneut durchleben zu müssen, weshalb wir negative Ereignisse deutlich schneller abspeichern als glimpflich verlaufene. Und je weniger wir das Ereignis und unsere Reaktion darauf im Anschluss kritisch hinterfragen und verarbeiten, desto stärker wird uns unser Gehirn diese negativen Emotionen nach einiger Zeit darstellen.

Im Klartext heißt das: **Unser Verstand manipuliert uns.**

Um herauszufinden, ob und in welchem Maße er das tut und ob das, was wir fühlen, angemessen für die jeweilige Situation ist, müssen wir **einen Schritt zurücktreten und** uns die **Situation aus einer anderen, objektiven Perspektive ansehen.** Aus dieser können wir versuchen zu beurteilen, ob unsere Schuldgefühle normal oder pathologisch (also übertrieben oder gar krankhaft und obsessiv) sind und wie dringend Handlungsbedarf besteht.

Wie so oft gibt es auch **hier keine eindeutige Definition, ab wann Schuldgefühle nicht mehr angemessen, sondern pathologisch sind.** Da ist es leider unumgänglich, dass Sie sich nach einer kritischen und ehrlichen Faktenprüfung auf Ihr Bauchgefühl verlassen und/oder sich eine Vertrauensperson zurate ziehen, die Ihnen ehrlich eine Einschätzung gibt.

Welche Fakten sind relevant, wenn Sie kritisch und faktenbasiert beurteilen wollen, ob Ihr Schuldgefühl angebracht ist oder nicht?

Stellen Sie sich dazu folgende Fragen und antworten Sie so ehrlich wie möglich. Lassen Sie sich Zeit dazu, schreiben Sie Ihre Antworten auf, wenn Sie wollen. Das Gehirn verarbeitet Informationen intensiver und kann sie schneller verinnerlichen, wenn wir uns aktiv mit ihnen auseinandersetzen. Außerdem können Sie sich dann Ihre Gedanken immer wieder ansehen, Veränderungen in Ihren Denkmustern feststellen und (kleine) Erfolge leichter erkennen.

Beurteilen Sie möglichst objektiv:

• **Sind Sie aus rechtlicher Sicht schuldig?** Haben Sie mit Ihrer Handlung ein geltendes Gesetz gebrochen?

• **Waren Sie zurechnungsfähig?** Nicht ohne Grund gelten wir vor dem Gesetz als nur begrenzt oder gar nicht schuldfähig, wenn wir beispielsweise unter Alkohol- oder Drogeneinfluss stehen, wenn wir an bestimmten psychischen Krankheiten leiden oder unter schwerer psychischer Belastung stehen. Auch Kinder bis 14 Jahre fallen in diesem Sinne unter die Definition „nicht schuldfähig", da man davon ausgeht, dass sie die Konsequenzen ihrer Handlungen nicht ausreichend vorhersehen können. Unter gewissen Umständen trifft das auch auf Erwachsene zu.

• **Hatten Sie eine andere Wahl?** Wenn Sie in Notwehr handeln und dabei die betreffende Person schädigen, ist es verständlich, dass Sie hinterher Schuldgefühle entwickeln. Egal, ob derjenige Sie angegriffen hat oder nicht, sie haben immer noch einen Menschen verletzt und damit gegen Ihren moralischen Kodex gehandelt. Doch wie hätten Sie anders reagieren sollen? Der eigene Schutz hat immer Vorrang vor dem Schutz anderer. In diesem Fall wären Sie gezwungen gewesen, auf diese Weise zu handeln, um nicht selbst geschädigt zu werden.

• **Haben Sie eine Verpflichtung verletzt, die Sie bewusst eingegangen sind?** Haben Sie sich beispielsweise Geld geborgt und versprochen, es bis zu einem bestimmten Zeitpunkt zurückzugeben, das aber nicht geschafft? Oder versprochen, die Verantwortung für jemanden zu übernehmen, aber Ihre Aufsichtspflicht nicht wahrgenommen?

• **Haben Sie so gehandelt, um ein eigenes Recht durchzusetzen?** Manche Menschen neigen so stark zu

Schuldgefühlen, dass für sie selbst ein „Nein, ich kann heute Abend nicht mit dir essen gehen" zu sagen, unerträglich ist. Doch es ist nichts falsch daran, anderen Menschen auch einmal abzusagen und sie vielleicht zu enttäuschen, um sich beispielsweise Zeit für sich zu nehmen, wenn man sie braucht. Daran ist nichts falsch, es ist nur menschlich, auch einmal sich selbst an erste Stelle zu setzen, solange das in einem gesunden Rahmen stattfindet und nicht aus übermäßigem Egoismus.

Nur wenn Sie diese Fragen mit Ja beantworten, haben Sie sich faktisch etwas zuschulden kommen lassen und Schuldgefühle sind rational gesehen angemessen. Dennoch lässt sich anhand dieser Fakten nicht benennen, wie stark diese Schuldgefühle sein sollten. Auch wenn wir einer Sache schuldig sind, sollten unsere Schuldgefühle uns nicht das Leben zur Hölle machen, sondern nur dafür sorgen, dass wir (soweit möglich) Wiedergutmachung leisten und den gleichen Fehler nicht noch einmal begehen. Fühlen wir uns einer Sache unangemessen stark schuldig und können damit nicht umgehen, spricht man von pathologischen Schuldgefühlen, was so viel bedeutet wie krankhafte oder obsessive Schuldgefühle. Was das ist und wie man sie erkennt?

**Grundsätzlich sind Schuldgefühle patholo-
gisch, wenn sie zu häufig oder zu intensiv auftreten.** Wie oft zu häufig und wie viel zu intensiv ist, ist
individuell. Als guter Indikator kann dienen, ob Sie
sich in Ihrem Alltag und in Ihrer Lebensqualität einge-
schränkt fühlen. Halten Ihre Schuldgefühle Sie davon
ab, Dinge zu tun, die Sie eigentlich gern tun würden?
Oder von alltäglichen Pflichten, wie beispielsweise Ihrer Arbeit? Schränken sie Ihre Beziehungen zu anderen
Menschen ein, die Sie lieben oder Ihnen wichtig sind?
Empfinden Sie sie rund um die Uhr, lassen Sie oft des
Nachts nicht schlafen oder bedrängen sie Sie in Situationen, die Ihre Konzentration fordern? Fühlen Sie sich
gequält und als ob Sie Ihre Schuldgefühle niemals ganz
vergessen könnten? Meiden Sie bestimmte Situationen
oder Personen in Ihrem Leben, weil sie Schuldgefühle
auslösen oder verstärken, und schämen sich dafür?
Empfinden Sie Schuldgefühle für ein Ereignis, das vielleicht bereits mehrere Jahre zurückliegt und für das
verwickelte Personen Ihnen längst vergeben haben?
Beantworten Sie eine oder mehrere dieser Fragen mit
Ja, bewegen sich Ihre Schuldgefühle möglicherweise
wirklich in einem Rahmen, der nicht mehr gesund ist
und mehr oder minder dringenden Handlungsbedarf
hat.

Schuldgefühle, die hingegen nur sporadisch auftreten und auch dann nur von kurzer Dauer sind, die Sie nicht weiter beeinträchtigen oder belasten und die auch basierend auf den Fakten keine oder nur eine geringe Wiedergutmachung erfordern, sind in der Regel normal und gesund. Auch sie sind unangenehm für uns und sicherlich nichts, womit wir uns gern beschäftigen wollen, aber leider Bestandteil des Lebens und unumgänglich. Das sind konstruktive Schuldgefühle, die anzunehmen wir lernen sollten und die uns in der Zukunft ein guter, treuer Lehrer sein können.

Zwar scheint es offensichtlich zu sein, der Vollständigkeit halber ist es aber trotzdem wichtig zu erwähnen: **Sobald Schuldgefühle sich derart verstärken, dass sie in eine psychische Erkrankung übergehen**, sich zum Beispiel in Form einer Depression oder einer Angststörung manifestieren oder als Symptom einer zugrunde liegenden psychischen Erkrankung auftreten, **sind sie pathologisch**.

Wie bereits vorher schon erwähnt, ist es bei Depressionen nicht ungewöhnlich, dass die Patienten in großem Umfang „Self-Blaming" betreiben, sich also für Umstände und Ereignisse verantwortlich fühlen und die Schuld geben, die sie nicht beeinflussen können oder konnten. Oder sie beschuldigen sich selbst für ihre Erkrankung, weil sie „es nicht schaffen, sich zusammenzureißen". Sie geraten in eine Spirale aus unangemessenem Selbstzweifel, Selbstkritik und Selbsthass, aus Schuld, Scham und Verzweiflung, innerhalb derer es für sie unmöglich ist, Fakten und ihre eigenen Empfindungen voneinander zu trennen.

Deshalb kann es schwierig für diese Patienten sein, den Schritt der kritischen Bewertung erfolgreich zu begehen. Es ist ein Symptom ihrer Krankheit, dass die rationale Beurteilung ihrer Situation nicht mehr funktioniert. Sollten Sie betroffen sein und genau dieses Problem bei sich sehen, ist es ungemein wichtig, dass Sie sich Hilfe holen. Ziehen Sie eine vertraute Person zurate (wen, das entscheiden Sie ganz allein!), der Sie Ihre Schuldgefühle ganz offen schildern können und die Ihnen später hilft, Ihre Position einzuschätzen. Seien Sie so ehrlich wie möglich! Sie müssen sich nicht schämen für Ihre Schuldgefühle und schon gar nicht für Ihre Erkrankung. Ich kann mir vorstellen, dass derartiges Vertrauen zu einer Person aufzubringen nicht einfach ist, aber denken Sie daran, dass wir erst wachsen können, wenn wir uns auf unsere Herausforderungen einlassen. Auch wenn das bedeutet, dass Sie sich einer anderen Person gegenüber von Ihrer verletzlichsten Seite zeigen müssen.

Lassen Sie mich zum Schluss dieses Kapitels noch erwähnen: Es ist mir bewusst, dass einem oft klar ist, dass die eigenen Gefühle irrational und unangemessen sind, dass man überreagiert oder Emotionen überkochen, obwohl es eigentlich keinen Grund dafür gibt. Und mir ist auch bewusst, dass man dagegen nicht immer etwas tun kann. Gefühle entstehen in uns, ohne dass wir vorher gefragt werden, ob wir sie haben wollen.

Vielleicht geht es Ihnen ebenso mit Ihren Schuldgefühlen. Sie wissen, dass sie übertrieben sind oder sogar ganz und gar unangemessen, dass Sie Ihnen nicht guttun und Sie etwas dagegen tun müssen. Aber Sie wissen nicht, wo Sie anfangen sollen.

Sie werden Ihre Schuldgefühle (wahrscheinlich) nicht loswerden, indem Sie sie als irrational erklären. Solch abstrakte Konstrukte in unserem Kopf lassen sich nicht mit Logik allein beseitigen. Allerdings kann die logische Auseinandersetzung mit den Fakten als guter Startpunkt dienen auf Ihrer Reise. Machen Sie sich die objektiven Eckpunkte immer wieder klar. Sie sind die Grundpfeiler Ihrer Arbeit an sich selbst. Sie sind nicht verschiebbar, sie bleiben an Ort und Stelle, sie können sich zwischen ihnen entlanghangeln, während Sie lernen, Ihr Gehirn von den Schuldgefühlen weg umzuprogrammieren.

MEINE NEUN FRAGEN AN SIE

Gehen wir nun einen Schritt weiter. Bisher haben wir uns mit der Theorie hinter dem Begriff Schuld auseinandergesetzt, damit, woher Schuldgefühle kommen können und damit, Ihre Schuldgefühle objektiv einzuschätzen. Sehr wahrscheinlich hat Ihnen das bisher nicht geholfen, sie zu mindern oder sich von ihnen zu befreien.

Auch dieser Ratgeber kann kein Allheilmittel sein, sosehr ich mir das auch wünschen würde. Ich kann versuchen, Ihnen im Folgenden möglichst konkrete Tipps zu geben, die Ihnen auf Ihrem Weg helfen können, aber Sie werden nicht darum herumkommen, selbst aktiv an Ihren Gefühlen zu arbeiten. Deshalb sage ich Ihnen noch einmal: Geben Sie sich Zeit. Seien Sie geduldig mit sich selbst und erlauben Sie sich Fehler, Rückschritte und Stagnation auf Ihrem Weg. Jeder von uns trägt sein eigenes Päckchen, weshalb dem einen womöglich der eine oder andere Schritt leichter fällt als der andere. Doch Sie haben es verdient, ein unbeschwertes Leben zu leben – ohne quälende Schuldgefühle oder schlechtes Gewissen. Und Sie können es erreichen. Vielleicht nicht heute, vielleicht nicht morgen, aber mit genügend Hingabe und Selbstvertrauen wird es Ihnen gelingen.

Ich habe meine Tipps an Sie in neun Fragen verpackt und versucht, sie so konkret wie möglich zu formulieren, beziehungsweise sie mit Erklärungen versehen, die Ihnen das Verständnis erleichtern und Handlungsoptionen zeigen sollen, die Sie haben. Häufig wird das Gefühl der Hilflosigkeit als am quälendsten empfunden. Ich möchte Ihnen die Möglichkeit geben, zu sehen, was Sie schon getan haben, bereits gehabte Erfolge anzuerkennen und neue Optionen zu finden, und Sie so auf Ihrem Weg begleiten.

Es gibt keine Priorität oder Reihenfolge, nach der Sie die Fragen „abarbeiten" sollten. Gehen Sie chronologisch vor oder suchen Sie sich zuerst die Fragen aus, die Sie am meisten ansprechen. Sagt Ihnen eine Methode nicht zu oder Sie haben das Gefühl, dass sie nicht zu Ihnen oder Ihrer Situation passt, dann zwingen Sie sich zu nichts. Behalten Sie das Kapitel im Hinterkopf und lesen Sie es irgendwann erneut; vielleicht hat sich nach einiger Zeit etwas an Ihrer Situation oder Ihren Gefühlen verändert und es kann Sie dann in Ihrem

Prozess unterstützen. Versuchen Sie, möglichst offen an neue Vorschläge heranzugehen und nicht kategorisch abzulehnen. Sprechen Sie mit Ihnen nahestehenden Menschen über die Tipps und Ihre eigenen Ideen, die Sie während des Lesens sicherlich entwickeln werden, Sie werden bestimmt noch viele weitere Perspektiven kennenlernen.

Und vielleicht hilft es Ihnen, immer wieder Ihre Gedanken aufzuschreiben und von Zeit zu Zeit zu lesen. Sie werden feststellen, dass unsere Sicht auf die Dinge sich immer wieder verändert, von Tag zu Tag, von Woche zu Woche und es wird Ihnen leichter fallen, Ihre Erfolge zu erkennen.

Wem oder was gegenüber haben Sie Schuldgefühle?

Bitte schließen Sie für einen Moment die Augen. Atmen Sie tief ein und aus.

Ich kenne die Situation nicht, in der Sie sich befinden. Ich kann nur spekulieren, was bei Ihnen der Auslöser für Ihre Schuldgefühle ist, und werde mit meiner Einschätzung wahrscheinlich daneben liegen. Menschen, Situationen und vor allem Gefühle sind zu komplex, als dass ein anderer sie wahrhaftig nachvollziehen könnte.

Visualisieren Sie jetzt die Situation, die Ihnen Schuldgefühle bereitet. Malen Sie sich ein Bild. So konkret wie nur irgend möglich. Fügen Sie Details hinzu; Details machen ein Bild erst lebendig und greifbar.

Vielleicht gab es einen Auslöser. Eine Situation, in der Sie sich befanden und in der Sie nicht so gehandelt haben, wie Sie es im Nachhinein für besser befunden hätten. Eine Situation, in der Sie jemanden verletzt haben – seelisch oder vielleicht sogar körperlich. Vielleicht haben Sie jemandem auch auf eine andere Weise Schaden zugefügt, sich etwas genommen, was Ihnen nicht zustand. Oder Sie haben keine Hilfe geleistet, obwohl das das Richtige gewesen wäre. Jemanden allein gelassen, der sie gebraucht hätte. Haben sich falsch entschieden. Vielleicht waren Sie zu feige oder vielleicht zu direkt mit Ihren Worten. Vielleicht hätten Sie jemanden schützen sollen und haben das nicht getan.

Vielleicht ist es aber auch keine konkrete Situation, die Ihnen Bauchschmerzen bereitet. Vielleicht ist es einfach eine Gesamtsituation, in der Sie sich befinden. Vielleicht waren es viele kleine Entscheidungen, die Sie an Ihren jetzigen Punkt gebracht haben und die jetzt in der Summe ein ungutes, schuldbeladenes Gefühl bei Ihnen verursachen. Manchmal rutschen wir in

Dinge hinein, die wir nicht gutheißen, ohne es zu merken. Das ist okay.

Es kann wehtun, solche Situationen erneut zu durchleben. Möglicherweise sogar im ersten Moment die Schuldgefühle verschlimmern. Doch können wir Gefühle nur überwinden, wenn wir uns ihnen stellen. Wir müssen durch sie hindurch gehen, den Punkt des tiefsten Schmerzes finden und ihn dort spüren. Gegen den Schmerz anzukämpfen, ihm Widerstand entgegenzubringen, wird ihn nicht verschwinden lassen, sondern nur schlimmer machen. Wenn wir ihn annehmen, in ihn hineinlauschen, ohne ihn zu bewerten, wird er vielleicht nicht verschwinden, aber er wird erträglicher werden.

Wenn Sie Ihre Schuldgefühle visualisiert haben, beginnen Sie, sie zu analysieren.

In Ihrer Situation: Wem gegenüber haben Sie Schuldgefühle? Wie wir bereits am Anfang gelernt haben, sind Schuldgefühle ein soziales Gefühl, das wir Personen gegenüber hegen, denen wir Unrecht getan haben und denen gegenüber wir Wiedergutmachung leisten wollen. Haben Sie Schuldgefühle einer einzelnen Person gegenüber? Einer Person gegenüber, die Sie kennen und schätzen oder vielleicht sogar gegenüber einer unbekannten Person? Sind es in dem Sinne gezielte Schuldgefühle?

Oder haben Sie eher kollektive Schuldgefühle? Also Schuldgefühle gegenüber einer Gruppe von Menschen aus Ihrem Umfeld oder einem Kollektiv, das Sie vielleicht gar nicht genau vor Augen haben? Ein Beispiel dafür wäre das Schuldgefühl, das viele in Bezug auf den Klimawandel verspüren: Sie schämen sich und fühlen sich verantwortlich für die Zerstörung der Erde, aber dieses Schuldgefühl gilt nicht einer konkreten Person, sondern der nachfolgenden Generation, die die Folgen ausbaden wird.

Oder als dritte Möglichkeit: Haben Sie Schuldgefühle sich selbst gegenüber? Tun oder taten Sie etwas für jemand anderen, was gegen Ihren eigenen Willen ging und haben Sie jetzt das Gefühl, nicht für sich selbst eingestanden zu sein? Haben Sie sich selbst im Stich gelassen? Sich womöglich in Verpflichtungen verwickelt, die Sie nicht stemmen können, und trauen sich aber nicht, Nein zu sagen?

Seien Sie ehrlich zu sich selbst und hinterfragen Sie sich selbst kritisch. Manchmal maskieren sich Schuldgefühle sehr geschickt. Manchmal gaukeln wir uns selbst vor, uns schuldig gegenüber jemandem zu fühlen, der uns nahesteht, und meinen aber eigentlich uns selbst. Wer kennt beispielsweise nicht das Gefühl, seinen Eltern etwas schuldig zu sein, weil sie uns das Studium finanziert haben? Wir denken, etwas gut machen zu müssen, das finanzielle Ungleichgewicht wieder in die Balance bringen zu müssen und dass die Leistung dafür das Abschließen ebendieses Studiums ist. Dass, je bessere Noten wir schreiben, desto kleiner die Schuld bei unseren Eltern werde. Am Ende ist es aber doch so: Wir schulden unseren Eltern nichts. Wir haben nicht darum gebeten, auf die Welt zu kommen, wir können uns nicht aussuchen, wer unsere Eltern sind und welche Erwartungen sie an uns stellen.

Der einzige Mensch, dem man von Anfang an etwas schuldig ist, ist man selbst. Und indem wir ein Studium abschließen, dass wir vielleicht überhaupt nicht machen wollen und das uns in einen Job bringen wird, den wir gar nicht mögen, machen wir uns gegenüber niemand anderem schuldig als uns selbst. Doch diese Erkenntnis ist schwer zu ertragen, weshalb unser Verstand uns davor schützen möchte. Viel einfacher ist es zu sagen, wir schulden es unseren Eltern. Das nimmt uns die Verantwortung ab und wir können erst einmal so tun, als wäre das Problem mit Beginn unserer finanziellen Unabhängigkeit gelöst. Doch, Vorsicht! Diese

Schuld uns selbst gegenüber wird uns irgendwann wieder einholen.

Darum seien Sie ehrlich: **Wem gegenüber fühlen Sie sich wirklich schuldig?**

Wie äußern sich Ihre Schuldgefühle?

Das Problem mit Gefühlen ist immer wieder das gleiche: Sie sind sehr komplex und vielschichtig und vor allem individuell. Nicht nur in dem Sinn, dass die gleiche Situation bei verschiedenen Menschen unterschiedliche Emotionen hervorrufen kann, abhängig davon, was für Erfahrungen wir in unserem Leben gemacht haben, sondern die gleiche Emotion kann sich bei mehreren Menschen auch auf die unterschiedliche Weise bemerkbar machen, ganz abhängig davon, welcher Typ Mensch wir sind.

Widerfährt uns etwas Gutes, so drückt der eine seine Freude mit Schreien, Jubeln und Lachen aus, während der Nächste vielleicht nur ein mildes Lächeln zustande bringt und wieder der Nächste reagiert vielleicht selbstgefällig und sagt: „Hätte mich auch überrascht, wenn es anders gewesen wäre."

Andersherum manifestieren sich Schuldgefühle bei mir vielleicht durch ein starkes Schamgefühl oder das Bedürfnis, mich direkt bei der betroffenen Person zu entschuldigen, am besten möglichst überschwänglich, während Sie sich vielleicht nicht mehr trauen, der Person unter die Augen zu treten, und eine dritte Person reagiert vielleicht körperlich mit Bauchschmerzen und Unwohlsein oder Übelkeit und kann ihre Schuldgefühle deshalb nicht einmal als solche einordnen. Nur um einmal einige Beispiele zu nennen.

Letzterer Person sind Sie aber im Prozess schon meilenweit voraus, denn Sie haben Ihre Schuldgefühle bereits als solche erkannt und die Motivation gefunden, dagegen anzugehen. Das kann ein erfahrungsgemäß langwieriger Prozess sein bei Menschen, die zur Somatisierung neigen und eher Körpersymptome aufweisen, da ihr Zugang zu ihren Gefühlen komplizierter ist.

Das soll nicht heißen, dass Menschen, die ihre Gefühle als solche erkennen und einordnen können, diese nicht körperlich wahrnehmen. Eine Emotion als psychische Manifestation hat immer eine begleitende physische Komponente, die wir irgendwo im Körper spüren können. Nicht umsonst gibt es all die Sprichwörter, die beispielsweise Verliebtheit als „Schmetterlinge im Bauch" oder Trauer als „Kloß im Hals" beschreiben.

Spüren Sie tief in sich hinein. Wo sitzt Ihr Schuldgefühl? Fühlen Sie es in der Brust? Ist es ein

Druckgefühl, ein Brennen, ein Pochen? Oder haben Sie es im Bauch, wo es ein ungutes Ziehen oder Verkrampfen auslöst? Macht es Ihnen Herzklopfen oder das Atmen schwer? Bereitet es Ihnen Kopfschmerzen, einen Tinnitus, ein Ohrensausen, einen trockenen Mund? Lässt es Ihre Knie zittern? Oder ist es gar so schlimm, dass es Ihre Stimmung dauerhaft drückt, dass es Ihre Leistung und Ihren Antrieb mindert oder Panikattacken auslöst? All das ist in Ordnung.

Emotionen sind komplizierte Reaktionen im Gehirn, die über die Ausschüttung von Botenstoffen entstehen und die das fein austarierte System Ihres Körpers ganz schön aus der Ruhe bringen können. Es ist nicht schlimm, wenn Ihr Körper es nicht schafft, diese Schwankungen zu kompensieren. Lassen Sie es einfach geschehen und nehmen Sie sie wahr. Reagieren Sie nicht mit Widerstand, nehmen Sie es an. Nehmen Sie Ihren Körper an und Ihre Gefühle, unverfälscht, so wie sie sind. Das erfordert einige Übung.

Konzentrieren Sie sich auf die Stelle, in der Sie das Gefühl am deutlichsten spüren, und stellen Sie sich vor, in diese Stelle zu atmen. So, als würde die Luft durch Ihre Lungen hindurch direkt zu dem Gefühl strömen. Wiederholen Sie das einige Male und beobachten

Sie, was passiert. Beobachten Sie die Veränderung in Ihrem Körper und innerhalb des Gefühls.

Was haben Sie schon getan, um Ihre Schuldgefühle loszuwerden?

Jeder Mensch besitzt sogenannte Coping-Strategien. Das sind Strategien, die es einem ermöglichen, mit Stress umzugehen. Und Schuldgefühle sind emotionaler Stress, der ein Ventil sucht.

Wir bauen uns diese Coping-Strategien mit den Jahren auf. Sie basieren auf unseren frühkindlichen Erfahrungen, auf unserer Erziehung, auf unseren Beobachtungen, unseren Erfahrungen in der Jugend und auch darüber hinaus und teils auch auf unserem intellektuellen Vermögen, Situationen zu beurteilen und Entscheidungen darüber zu treffen, wie sich zu verhalten sinnvoll wäre. Wir sind von Natur aus unterschiedlich stressresistent und unsere Coping-Strategien unterschiedlich effektiv. Diese beiden Umstände sind die Basis für unseren unterschiedlich guten Umgang mit stressigen Situationen.

Haben Sie sich schon einmal gefragt, was Ihre Coping-Strategien sind? Reagieren Sie auf herausfordernde Situationen eher emotional und ungebremst oder eher kühl und strategisch? Beides wären Beispiele für den Umgang mit Stressoren. Sind Sie ein Mensch, der immer über alles sprechen muss, um es loszuwerden, oder können Sie Dinge gut mit sich allein ausmachen?

An sich ist keine Strategie schlecht. Es hat einen Grund, warum wir sie uns irgendwann einmal angeeignet haben – irgendwann hat sie uns einmal etwas genützt. Aber vielleicht ist sie für Ihre jetzige Situation nicht mehr passend. Vielleicht ist sie zu heftig oder zu wenig ausgeprägt, vielleicht ist sie aber auch einfach nicht effektiv genug.

Wie genau gehen Sie damit um, wenn Sie Schuldgefühle haben? Was geht in Ihrem Kopf vor sich?

Um Ihre Schuldgefühle loszuwerden, müssen Sie Experte für Ihr Problem werden. Sie müssen sich die Dinge bewusst machen. Das ist schwierig und dauert seine Zeit, aber wenn Sie sich damit auseinandersetzen, werden Sie es schaffen. Mit Bewusstmachen meine ich nicht nur, dass sie Ihre Gefühle und deren Funktion und deren Bewertung rational und objektiv analysieren. Wenn Sie sich genug damit beschäftigen, wird irgendwann ein „Aha-Moment" kommen, an dem sie spüren werden, dass Sie nicht Ihre Schuldgefühle sind, und dass Sie sie kontrollieren können. Bleiben Sie nur dran und geben Sie sich Zeit.

Fragen Sie sich: Bin ich ein Mensch, der seinen Problemen ausweicht, versucht, nicht darüber nachzudenken, und wenn er gefragt wird, seine Gefühle herunterspielt, weil es ja so schlimm gar nicht sei? Oder bin ich ein Mensch, der sich seinen Herausforderungen gut stellen kann und sich auch anderen gegenüber verletzlich zeigen kann? Möglicherweise würden Sie gerne die Dinge mit jemandem besprechen, tun es aber nicht aus Angst vor Verurteilung – oder umgekehrt.

Welcher Typ Mensch Sie sind, können nur Sie herausfinden, das kann Ihnen niemand beantworten.

Überlegen Sie sich, was Sie bisher getan haben, was Ihre bisherigen Coping-Strategien waren. Ha-ben Sie Ihnen geholfen? Wenn ja, sehr gut! Führen Sie sie weiter. Aber wenn nicht, verzweifeln Sie nicht. Das bedeutet nicht, dass Ihre Strategien schlecht oder wertlos sind. Sehen Sie sie als etwas an, das Ihnen früher einmal gute Dienste geleistet, aber jetzt seinen Zweck überlebt hat. Bedanken Sie sich innerlich (oder äußerlich, wenn Sie mögen) bei Ihrer Strategie und Ihrem alten Ich, die Sie sicher durch viele schwierige Situationen geführt haben, nehmen Sie die Stärke daraus mit – und sehen Sie nach vorn. Suchen Sie sich eine neue Handlungsstrategie, die Ihnen jetzt dienlicher ist.

Haben Sie, abgesehen von Ihrer innerlichen Arbeit, schon im Außen, in der Realität, im zwischenmenschlichen Bereich etwas getan, um sich von Ihren Schuldgefühlen zu befreien? Haben Sie schon Gespräche geführt, sich belesen, Erfahrungen ausgetauscht, sich entschuldigt oder etwas anderes getan? Wenn ja, was war das?

Wenn Sie mögen, schreiben Sie es auf. Das ist ein Erfolg!

Egal, ob es geholfen hat oder nicht, Sie haben es versucht. Sie haben etwas getan!

Reflektieren Sie genau, was Sie gefühlt haben. Was hat geholfen oder auch nicht? Würden Sie es wieder machen? Oder würden Sie vielleicht an Ihrer Vorgehensweise etwas ändern?

Konkret: Sie haben sich beispielsweise entschuldigt bei der Person, der gegenüber Sie Schuldgefühle haben. Haben Sie sich danach erleichtert gefühlt? Hat es alles nur noch schlimmer gemacht? Hat es Ihnen die Angst genommen, sich der Person zu stellen? Was hat diese Person zu Ihnen gesagt? War die Reaktion positiv oder negativ? Würden Sie sich das nächste Mal auf eine andere Art und Weise entschuldigen oder Ihre Entschuldigung vielleicht anders formulieren?

Alles ist wichtig und kann Ihnen helfen. Es gibt nichts, wofür Sie sich schämen müssten, auch, wenn Ihre Strategien vielleicht bisher nicht sonderlich erfolgreich waren. Wir alle lernen immer wieder dazu.

Sind Ihre Schuldgefühle konstruktiv oder destruktiv?

Die Frage nach der Konstruktivität Ihrer Schuldgefühle überschneidet sich teilweise mit der Frage danach, ob Ihre Schuldgefühle normal oder pathologisch sind.

Sind Sie schon so tief in Ihre Schuldgefühle verwickelt, dass Sie eine Depression oder eine Angststörung entwickelt haben, oder sind andersherum Ihre Schuldgefühle ein Symptom einer solchen zugrundeliegenden Störung, ist die Frage relativ einfach zu beantworten: Sie sind destruktiv. Das liegt in der Natur dieser psychischen Erkrankungen, dass die begleitenden negativen Gefühle unangemessen auf die Situation sind und Sie davon abhalten, die Realität so wahrzunehmen, wie sie ist. Dafür können Sie nichts und deshalb sollten Sie sich auch auf keinen Fall Vorwürfe machen. Wichtiger ist es, nach vorn zu sehen und Strategien zum Umgang mit der Erkrankung und deren Symptomen finden.

Im Fall, dass Ihre Schuldgefühle zwar unangemessen stark (also pathologisch) sind, aber sich noch nicht als Erkrankung manifestiert haben, ist die Frage nicht ganz so eindeutig zu beantworten.

Rufen Sie sich in Erinnerung, dass der eigentliche Zweck von Schuldgefühlen darin besteht, ein von Ihnen verursachtes Ungleichgewicht durch Wiedergutmachung zurück in die Balance zu bringen und Sie davor zu bewahren, den gleichen Fehler noch einmal zu machen – also ein positives Endergebnis zu erzielen. Der Sinn ist nicht, Ihnen das Leben zu erschweren, Sie zu quälen und Sie damit womöglich handlungsunfähig zu machen. Es soll Ihnen nicht dauerhaft Ihre Energie rauben, die Sie dringender für andere Dinge benötigen.

Erfüllen Ihre Schuldgefühle diesen Zweck noch? Führen Sie dazu, dass Sie handeln, um Ihre Schuld zu begleichen? Machen Sie sie aktiv? Oder machen Sie genau das Gegenteil? Machen sie Sie passiv und schränken sie Sie ein in Ihren Handlungen, machen sie Sie ängstlich und unfähig, etwas zu tun?

Im zweiten Fall sind Ihre Gefühle destruktiv. Sie bringen Ihnen nichts. Machen Sie sich das immer und immer wieder bewusst.

Wichtig ist, dass Sie tun, was in Ihrer Macht steht, um Wiedergutmachung zu leisten und um den Fehler nicht zu wiederholen. Darüber hinaus sind Ihre Gefühle ohne Nutzen, und zwar für jeden. Es bringt niemandem etwas, wenn Sie sich schlecht fühlen, weder Ihnen noch den Menschen in Ihrem Umfeld. Im Gegenteil, es ist eher noch schädlich für Sie und für Ihre Mitmenschen und die Beziehungen, die Sie zu ihnen pflegen. Es belastet. Und es kann nicht Sinn der Sache sein, dass Sie weitere Beziehungen belasten und womöglich zerstören, ohne Zweck dahinter.

Welche Glaubenssätze lösen Ihre Schuldgefühle aus und wie werden Sie sie los?

Noch eine Sache, die wir von klein auf in uns aufnehmen und die wir von da an in uns tragen, sind unsere Glaubenssätze.

Glaubenssätze sind bestimmte Haltungen oder Einstellungen, deren Existenz uns oft gar nicht bewusst ist, die uns aber tagtäglich beeinflussen in allen unseren Entscheidungen, unseren Beziehungen, unseren Handlungen, ja, einfach in unserem Leben.

Je nachdem, welche Erfahrungen wir in der Vergangenheit gemacht haben, können diese Glaubenssätze uns voranbringen oder uns limitieren.

Gehören Sie zu den glücklichen Menschen, die eine schöne Kindheit mit liebevollen Eltern hatten, die keine Gewalt erfahren haben und die gelernt haben, dass die Welt ein sonniger Ort voller Möglichkeiten und Schönheit ist, haben sehr wahrscheinlich im Lauf der Zeit optimistische Glaubenssätze entwickelt, die ein intaktes Grundvertrauen in die Welt beinhalten, ein Vertrauen darauf, dass die Menschen im Grunde gute Wesen sind und dass sich alles fügen wird, wie es soll. Sie haben wahrscheinlich auch ein hohes Maß an Selbstwirksamkeitsgefühl, also das Gefühl, dass Sie Ihre Situation selbst in der Hand haben und ihr nicht ausgeliefert sind.

Vielleicht gehören Sie aber auch zu den Menschen, die in ihrer Vergangenheit viel Negativität erfahren haben; vielleicht Gewalt oder Vernachlässigung oder auch, weniger dramatisch, oft das Gefühl, nicht verstanden zu werden, allein und hilflos ausgeliefert zu sein. Häufig rutschen Menschen mit solchen Erfahrungen leichter in Glaubenssätze hinein, die ihnen vorgaukeln, sie könnten nicht mitentscheiden und dass die Bedürfnisse anderer wichtiger wären als ihre eigenen.

Um Ihnen einen besseren Eindruck zu vermitteln, wie solche Glaubenssätze aussehen können, nenne ich Ihnen im Folgenden einige Beispiele dafür, die häufiger mit übermäßigen Schuldgefühlen assoziiert sind. Lesen Sie genau und reagieren Sie spontan – vielleicht finden Sie einen, der auch in Ihnen steckt:

• Ich bin nicht genug.

- Bei mir geht sowieso immer alles schief.
- Ich werde nie so gut sein wie die anderen.
- Ich hätte viel mehr tun müssen.
- Wenn ich nicht genug für andere tue, werden sie mich nicht mehr lieben/anerkennen.
- Ich reiße mich nicht genug zusammen.
- Ich bin schwach.
- Etwas stimmt nicht mit mir.
- Ich bin machtlos, was mit mir passiert.
- Ich bin unfähig/ungeschickt/tollpatschig.
- Ich darf keine Fehler machen.
- Ich habe es nicht verdient.
- Ich darf nicht egoistisch sein.
- Meine Gefühle spielen keine so große Rolle wie die der anderen.
- Ich verdiene keine Liebe/Aufmerksamkeit/Achtung durch andere.
- Strafe muss sein.

Kommt Ihnen etwas bekannt vor? Oder fallen Ihnen weitere Glaubenssätze ein, die in Ihnen stecken?

Nicht selten kommt es vor, dass wir als Glaubenssätze bestimmte Sätze übernehmen, die irgendwann mal jemand zu uns gesagt hat und die sich uns ins

Gedächtnis gebrannt haben. Vielleicht wissen wir gar nicht so genau, warum, aber sie lassen uns einfach nicht mehr los. Denken Sie nach: Haben Sie von Ihren Eltern vielleicht einen Satz immer und immer wieder gehört? Oder gibt es einen Satz, den Sie möglicherweise nur ein einziges Mal gehört haben, aber Sie können sich noch Wort für Wort daran erinnern, weil es so einprägsam war? Woran glauben Sie?

Vielleicht ist es Ihnen aufgefallen, dass ich Ihnen bisher nur negative Beispiele für Glaubenssätze genannt habe, dabei gibt es doch so viele positive, an die Sie doch viel lieber glauben würden.

Leider sind die negativen Einstellungen diejenigen, die oft viel präsenter in unserem Leben sind, weil es auch diejenigen sind, die uns Probleme machen. Wir neigen schließlich dazu, viel darüber nachzudenken, was nicht läuft, als darüber, was gut läuft. Wie werden wir jetzt also die negativen Glaubenssätze los?

Versuchen Sie, sie durch positive zu ersetzen. Sie haben sicherlich einige persönliche Beispiele gefunden.

Nehmen wir als Beispiel „Ich bin nicht genug". Ersetzen Sie ihn durch „Ich gebe mein Bestes". Wie das geht?

Wie bei allem gilt hier: Übung macht den Meister, und zwar durch Wiederholung. Sagen Sie sich immer wieder, dass Sie tun, was Sie können. Erinnern Sie sich an Situationen, in denen Sie sich gut und genug und gebraucht gefühlt haben. Welche Situationen haben Sie durch Ihre Anwesenheit verbessert, zu dem gemacht, was sie waren? In welchen Situationen waren Sie genug, genauso, wie Sie sind? In welchen Situationen haben Sie das gefühlt? Welche Menschen geben Ihnen dieses Gefühl, genug zu sein und genug für andere zu tun? Denken Sie immer wieder daran, verstärken Sie dieses Gefühl. Wenn Sie es fühlen, schließen Sie die Augen und halten Sie einen Moment lang daran fest. Je öfter Sie das wiederholen, desto mehr wird sich das Gefühl in Ihrem Gehirn verfestigen. Und irgendwann wird aus dem Gefühl das Wissen werden, dass Sie Ihr Bestes geben. Der Moment wird kommen, in dem Sie Ihren Glaubenssatz umgedreht haben.

Können Sie Wiedergutmachung leisten?

Es gibt Situationen, in denen ist es möglich, Dinge wiedergutzumachen, und Situationen, in denen es unmöglich ist. Finden Sie heraus, in welcher der beiden Sie stecken!

Haben Sie Schuldgefühle, weil Sie jemandem Schaden zugefügt haben? Vielleicht körperlichen

Schaden oder emotionalen Schaden? Haben Sie vielleicht etwas gesagt, was Sie gar nicht so gemeint haben, und haben jemanden damit sehr verletzt? Haben Sie jemandem zu viel zugemutet und dadurch Ihre Beziehung aus dem Gleichgewicht gebracht? Haben Sie finanzielle oder materielle Schulden bei jemandem, weil Sie vielleicht etwas genommen haben, das Ihnen nicht zustand? Mussten Sie vielleicht einem guten Mitarbeiter kündigen, von dem Sie wissen, dass er gerade in finanziellen Schwierigkeiten steckt? Haben Sie vielleicht jemanden betrogen oder angelogen?

Sollten Sie in einer solchen Situation stecken, in der Sie einer anderen Person in irgendeiner Form Schaden zugefügt haben, sei es wissentlich oder unabsichtlich, überlegen Sie sich, wie Sie Ihre Schuld begleichen können.

In materiellen oder finanziellen Dingen ist das relativ einfach: Begleichen Sie diese Schulden, so gut es geht. Können Sie das im Moment nicht, sprechen Sie mit Ihren Gläubigern und handeln Sie einen Plan aus, der für beide Parteien akzeptabel ist und der beiden Seiten zeigt, dass Sie sich Ihrer Schulden bewusst und dass Sie gewillt sind, diese zu begleichen. In diesen Dingen ist Kommunikation alles! Auch, wenn Sie sich das Gut unrechtmäßig angeeignet haben und die andere Partei davon gar nichts weiß, sollten Sie Ihres Gewissens wegen mit der anderen Person darüber sprechen. Gut möglich, dass die Person im ersten Moment wütend oder enttäuscht reagiert. Überlegen Sie sich deshalb vorher ein faires Angebot, das Sie unterbreiten können, und lassen Sie Spielraum zum Handeln, damit Ihr Gegenüber sich geschätzt und ernst genommen fühlt. Sie werden überrascht sein, wie sehr eine offene Kommunikation Ihr Gewissen und auch die objektive Situation erleichtern kann! Und geben Sie der anderen Person Zeit, um ihre Forderungen zu formulieren und gehen Sie auf diese ein – in einem Rahmen, der auch für Sie verträglich ist.

Haben Sie beispielsweise Schuldgefühle Ihrer Familie gegenüber, weil Sie nicht genügend Zeit für sie haben? Arbeiten Sie viel zu viel und haben Sie gleichzeitig das Gefühl, Ihren Rollen Ihren Kindern oder Ihrem Partner gegenüber nicht gerecht werden zu können? So geht es vielen Menschen. Passen Sie auf! Mit dem Glaubenssatz, nicht genug zu sein und nicht genug zu tun, stolpern Sie sehr zielstrebig in einen Burnout hinein! Überlegen Sie auch hier, wo Ihre Prioritäten liegen und kommunizieren Sie offen mit Ihrer Familie! Ist es nötig, dass Sie so viel arbeiten? Was ist wichtiger, Zeit mit Ihrer Familie oder ein paar hundert

Euro im Monat extra zu verdienen? Sie werden sich mit keinem Geld der Welt Zeit erkaufen können und schon gar nicht die Liebe anderer Menschen. Machen Sie sich das bewusst! Vielleicht können Sie einen Kompromiss finden, der beiden Seiten ein gutes Gefühl gibt: beispielsweise machen Sie einen Tag aus, der reserviert ist nur für Ihre wichtigsten Menschen. An diesem Tag bleibt das Handy aus, Termine werden um diesen Tag herum verschoben, Sie machen genau das, was Sie wollen, und lassen sich den Tag von niemandem wegnehmen. Machen Sie eine Liste mit Dingen, die Sie schon immer mit Ihren liebsten Menschen unternehmen wollten, und suchen Sie sich jede Woche etwas davon aus. Grollen Sie nicht, dass Sie das bisher nicht geschafft haben. Es hilft niemandem, in der Vergangenheit zu leben und Dinge zu bereuen. Lernen Sie daraus und machen Sie es in Zukunft besser!

Aber vielleicht schulden Sie auch jemandem etwas, bei dem Sie es nicht wiedergutmachen können. Vielleicht ist die betreffende Person bereits verstorben oder derjenige hat etwas so Wundervolles für Sie getan, dass Sie es nicht wiedergutmachen können. Gehen wir von dem Beispiel aus, dass ihre Schwester Ihnen eine Niere gespendet hat und Sie Ihre Krankheit nur dadurch überwinden konnten, sie aber dadurch jetzt selbst krank geworden ist.

Vergessen Sie sich nicht selbst. Sie sind sich dessen bewusst, dass Sie demjenigen etwas schulden. Lernen Sie zu akzeptieren, dass das Leben nicht immer fair ist und auch nicht immer fair sein muss. Schreckliche Dinge passieren und auch Dinge, die uns auf den ersten Blick ziemlich ungerecht erscheinen. Aber ändert es etwas daran, wenn wir uns schlecht fühlen wegen Dingen, die wir nicht ändern können? Die Situation bleibt die gleiche. Und im schlimmsten Fall ist unser Schuldgefühl für diese Sache eher hinderlich, weil es uns blockiert und lähmt und verhindert, dass wir das Positive herausziehen aus der Situation. Denn genau das sollten Sie tun: Suchen Sie das Gute in den Dingen! Auch, wenn es nicht so wirkt, alles, ja wirklich alles, hat mehrere Seiten. In jedem Unglück steckt etwas Positives. Finden Sie das Positive, so klein es auch sein mag, und fokussieren Sie sich darauf! Vielleicht ist Ihre Schwester jetzt krank, weil sie Ihnen das Leben retten wollte. Aber sie wusste vorher, dass das Risiko dafür besteht, und hat sich darauf eingelassen. Für Sie! Fokussieren Sie sich nicht auf Ihre Schuldgefühle deswegen, sondern darauf, dass Ihre Schwester Ihnen auf diese Weise ihre Liebe gezeigt hat. Seien Sie dankbar dafür und sagen Sie ihr das auch! Zeigen Sie ihr Ihre Wertschätzung, denn kein Unglück passiert umsonst.

Und der gleiche Rat gilt, wenn Sie sich selbst gegenüber Schuldgefühle hegen, weil Sie beispielsweise einfach nicht Nein sagen können: Es ist nicht schlimm, anderen Menschen Bitten auszuschlagen oder sich zu verweigern. Schätzen Sie sich selbst und Ihre Zeit mehr wert! Seien Sie dankbar, dass Sie es geschafft haben, Nein zu sagen. Sie haben damit sich selbst ein großes Geschenk gemacht – und dafür müssen Sie sich nicht schämen!

Mit wem können Sie über Ihre Gefühle sprechen?

Bereits bei den vorhergehenden Fragen liefen meine Ratschläge und Erfahrungen immer wieder auf eines hinaus: Kommunikation!

Sprache ist ein wundervolles Geschenk, das wir erhalten haben von der Evolution. Wir sollten unseren Intellekt nutzen und diese geschickte Art des Ausdrucks, um unseren Gefühlen ein Ventil zu geben. Wer kommt dafür infrage?

Überlegen Sie mal: Wer ist es, der Ihnen am nächsten steht? Welcher Person oder welchen Personen vertrauen Sie auf dieser Welt am meisten? Zu wem können Sie gehen, wenn Sie jemanden zum Reden brauchen? Welcher Mensch gibt Ihnen das Gefühl, Sie auf Anhieb zu verstehen?

Sprechen Sie mit dieser Person. Ziehen Sie sie ins Vertrauen.

Oft haben wir Angst, über Gefühle zu sprechen, besonders, wenn es um negative Gefühle geht. Wir denken, dass es uns verletzlich macht, dass es etwas ist, wofür wir uns schämen müssten, weil es unsere Unzulänglichkeiten so offen darlegt, weil wir damit zugeben müssen, nicht perfekt zu sein.

Es ist mutig, das zuzugeben. Und es tut gut. Es macht uns menschlich anderen gegenüber. Unser Vertrauensvorschuss macht es auch für den anderen leichter, seine Fehler zuzugeben. Es nimmt den Druck aus Beziehungen, den Ansprüchen des anderen genügen zu müssen.

Oder sprechen Sie mit sich selbst. Vielleicht, indem sie es aufschreiben. Oder vielleicht auch wirklich in einem Selbstgespräch. Das mag erst einmal komisch klingen, aber dadurch, dass wir Dinge aufschreiben oder laut aussprechen, werden wir sie erstens los und zweitens hilft es uns, den Faden nicht zu verlieren. Oft kommt uns erst nach dem Aussprechen eines Gedankens die Idee für den nächsten Gedanken, weil wir uns vom vorherigen befreit haben. Probieren Sie es aus!

Warum können Sie sich selbst nicht verzeihen?

Wenn ein Mensch uns unrecht antut, können wir entweder ewig grollen oder ihm verzeihen. Wenn wir einem anderen Menschen unrecht tun und uns schuldig fühlen, können wir nicht entscheiden, ob die andere Person uns verzeiht, aber wir können uns selbst verzeihen.

Lassen Sie den Perfektionismus sein! Natürlich wären wir am liebsten alle ohne Fehler und würden nie einer anderen Person schaden, aber manchmal befinden wir uns in einer Lage, in der es nicht anders geht oder wir handeln unüberlegt.

Fehler zu machen, ist menschlich. Das wissen Sie. Warum fällt es uns also so schwer, uns selbst Fehler zuzugestehen?

Oft fällt es uns leichter, anderen zu verzeihen als uns selbst. Das liegt daran, dass wir meist selbst unsere schärfsten Kritiker sind. Wir verlangen zu viel von uns selbst, setzen unsere Ansprüche zu hoch und werden uns damit immer wieder selbst enttäuschen, weil wir dem nie gerecht werden können. Wir denken, alle anderen, besonders die Menschen, die uns wichtig sind, würden dies oder jenes von uns erwarten und merken dabei nicht, dass es hauptsächlich wir selbst sind, dessen Erwartungen wir zu erfüllen versuchen.

Vielleicht gehören Sie zu den Menschen, deren Eltern sehr hohe Erwartungen an sie gestellt haben. Vielleicht hatten Sie als Kind oft das Gefühl, für die Liebe Ihrer Eltern eine Leistung erbringen zu müssen oder Liebe nicht verdient zu haben, wenn Sie nichts dafür getan haben. Vielleicht hat sich das bis jetzt, bis ins Erwachsenenalter hinein fortgesetzt. Vielleicht haben Sie immer noch oft das Gefühl, das Ihre Mitmenschen Sie nur schätzen, wenn Sie etwas für sie tun und Sie haben Schuldgefühle, weil Sie denken, was Sie tun, wäre zu wenig oder nicht gut genug.

Seien Sie ehrlich: Ist das die Art von Beziehung, die Sie haben möchten zu Ihren Mitmenschen? Zu Ihren Eltern, Ihrem Partner oder Ihren Freunden? Sollte es nicht in der Liebe oder der Freundschaft darum gehen, einen Menschen so anzunehmen, wie er ist? Wollen Sie sich abhängig machen von der Anerkennung anderer?

Mag sein, dass nicht alle Menschen Sie verstehen werden, wenn Sie die Dinge auf Ihre Weise angehen werden, oder dass manch einer sich erst einmal daran gewöhnen muss. Aber die Menschen, denen Sie wirklich etwas bedeuten und die in Ihnen nicht nur ein Mittel zum Zweck sehen, werden bei Ihnen bleiben und

Sie unterstützen. Haben Sie keine Schuldgefühle, weil Sie sich erlauben, Sie selbst zu sein!

Und wenn sie es nicht akzeptieren können?

Dann ist es auch keine richtige Liebe oder Freundschaft gewesen. Sie werden feststellen, dass die Menschen Sie respektieren werden, wenn Sie ab und zu einfordern, was Ihnen zusteht.

Die Menschen in Ihrem Umfeld sind also nicht Ihre schärfsten Kritiker, sondern Sie selbst.

Wenn wir einen Fehler gemacht haben, verfallen wir häufig in einen Rechtfertigungszwang: Wir denken, erklären zu müssen, wie dieser Fehler passieren konnte – anderen und uns selbst gegenüber. Oft können wir rational erklären, wie es dazu kam und fühlen uns trotzdem schuldig. Aber Sie sind niemandem Rechenschaft schuldig! Es wirft Sie nur in eine defensive Haltung, in der Sie sich schnell angegriffen fühlen, was uns wiederum verleitet, passiv(-aggressiv) und mit Gegenanschuldigungen zu reagieren. Sagen Sie klar, dass Sie einen Fehler gemacht haben und dass Sie sich dessen bewusst sind, dass Sie versuchen werden, es wiedergutzumachen und dass Sie daraus gelernt haben.

Bekommen Sie Ihren Perfektionismus in den Griff! Machen Sie sich klar, dass auch Sie Fehler begehen dürfen. Und ja, auch große Fehler! Verzeihen Sie sich und seien Sie nicht nachtragend! Es ist keine Schwäche, Fehler zu machen. Und es ist sogar eine besondere Stärke, wenn Sie in der Lage sind, Fehler einzugestehen und sich zu entschuldigen. Lernen Sie aus Ihren Fehlern und machen Sie sie kein zweites Mal.

Was kann ich aus meinem Fehler lernen?

Sie haben sich jetzt damit auseinandergesetzt, was Sie falsch gemacht haben, ob Ihre Schuldgefühle angebracht sind, welche Mechanismen dahinterstecken, dass Ihre Schuldgefühle so ausgeprägt sind, wie sie sind, und wie Sie Ihren Fehler wiedergutmachen können. Bleibt zum Schluss die Frage, was Sie für die Zukunft daraus mitnehmen können?

Wie bereits erwähnt, sollten Sie versuchen, das Positive an Ihrer Lage zu finden und sich darauf zu fokussieren. Sie sind intelligent und können kognitiv Denken. Das sollten Sie nutzen!

Sie kennen die Situation, die Sie zu Ihrer Handlung und letztlich auch zu Ihren Schuldgefühlen gebracht hat. Gab es Warnzeichen, die darauf hindeuteten, dass etwas derartiges passieren würde? Wenn ja, welche? Sensibilisieren Sie Ihre Sinne darauf, hinterfragen Sie Ihre Handlungen und Ihre Gefühle immer wieder kritisch. Sollten Sie in etwas Ähnliches noch einmal hineinschlittern, haben Sie jetzt die Chance, es schon frühzeitig zu erkennen und die Notbremse zu ziehen. Ziehen Sie Ihre Mitmenschen ins Vertrauen, wenn Sie unsicher sind, wie Sie handeln sollen. Holen Sie sich andere Perspektiven ein und seien Sie offen!

Und sollten Sie sich doch erneut in einer ähnlichen Situation wiederfinden, nutzen Sie die bereits gesammelten Erfahrungen, um das nächste Mal vielleicht anders zu reagieren. Sie kennen jetzt Ihre Verhaltensmuster und Ihre Triggerpunkte. Ihr Bewusstsein dafür kann Ihnen von Nutzen sein, wenn Sie es schaffen, diese Muster zu durchbrechen, durchzuatmen und nicht impulsiv zu handeln.

Manchmal muss man trotz aller Umsicht schwierige Entscheidungen treffen. Lernen Sie, dies zu kommunizieren! Gesprächsführung kann man lernen und je öfter Sie schwierige Gespräche führen, desto leichter wird es Ihnen fallen. Paradox, oder?

Schreiben Sie sich alles auf, was Ihnen einfällt, was Sie aus der Sache lernen können. Fokussieren Sie sich darauf. Lesen Sie es immer wieder und honorieren Sie, wenn Sie in einer Situation waren, in der Ihnen das Gelernte nützlich sein konnte. Alles, was wir tun und lernen, hat einen Sinn. Wir müssen ihn nur finden!

Eine kurze Zusammenfassung

Schuldgefühle sind normal und gewünscht, um uns eine moralische Hilfestellung in unserem Leben zu geben. Dennoch können Sie im falschen Kontext quälend und unangenehm werden und sich sogar in psychischen Erkrankungen manifestieren.

Wenn das passiert, ist es an der Zeit zu handeln. Wir müssen lernen, die Ansprüche an uns selbst herunterzuschrauben, uns Fehler zuzugestehen und den Perfektionismus loszulassen. Und dann sehen, wie wir unseren Fehler wiedergutmachen können. Der Schlüssel dafür liegt in der Kommunikation.

Haben Sie Geduld, es ist ein langer Weg. Aber es lohnt sich, ihn zu gehen, um das unbeschwerte Leben führen zu können, das Sie verdienen!

Herstellung und Verlag:

BoD – Books on Demand, Norderstedt

ISBN: 9783755783299

© Petra Lange 2022

1. Auflage

Kontakt: Psiana eCom UG/ Berumer Str. 44/ 26844 Jemgum

Covergestaltung: Fenna Larsson

Coverfoto: depositphotos.com